Jour après jour

LA VIE EN ROSE

366 citations et exercices

• *pour un quotidien coloré* •

mll

Peu importe
ce qu'on pourra vous dire,
les mots et les idées
peuvent changer le monde.

ROBIN WILLIAMS

01 Janvier

Sainte Marie

Mes petites notes :

La nature fait les hommes semblables, la vie les rend différents.

CONFUCIUS

02 Janvier

Saint Basile

Mes petites notes :

Notez dans un carnet les objectifs

que vous aimeriez accomplir
cette année et qui vous mettraient
en joie.

03
Janvier

Sainte Geneviève

Mes petites notes :

La vie fleurit

par le travail.

JEAN D'ORMESSON

04

Janvier

Saint Odilon

Mes petites notes :

Les rêves donnent du travail.

PAULO COEHLO

05 Janvier

Saint Édouard

Mes petites notes :

Écrivez une série
d'affirmations positives
dans lesquelles vous
vous reconnaissez.

06
Janvier

Saint
Melaine

Mes petites notes :

Les folies sont les seules choses *qu'on ne regrette jamais.*

OSCAR WILDE

07 Janvier

Saint Raymond

Mes petites notes :

L'avenir appartient à ceux qui rêvent trop.

FABIEN MARSAUD

08 Janvier

Saint Lucien

Mes petites notes :

Prenez un stylo

et faites la liste
de toutes les activités qui
vous rendent heureux.

09
Janvier

Sainte
Alix

Mes petites notes :

La vie consiste
à découvrir la grandeur
qui existe déjà.

George Sourrys

10
Janvier

Saint
Guillaume

Mes petites notes :

Il n'y a pas plus grand gourou que la vie elle-même.

JEAN-CLAUDE GENEL

11 Janvier

Saint Paulin

Mes petites notes :

Faites une balade en vélo dans un parc.

12 Janvier

Sainte Tatiana

Mes petites notes :

Faisons de chaque moment
qu'il nous est permis de vivre,
un moment de joie.

JOSEPH WRESINSKI

13
Janvier

Sainte Yvette

Mes petites notes :

La vie est une fleur. L'amour en est le miel.

VICTOR HUGO

14 Janvier

Sainte Nina

Mes petites notes :

Lisez un livre
qui vous plaît.

15
Janvier

Saint
Rémi

Mes petites notes :

Il n'y a qu'une vie. C'EST LÀ SON CHARME.

GILBERT CESBRON

16 Janvier

Saint Marcel

Mes petites notes :

La vie a ses propres forces cachées que vous ne pouvez découvrir qu'en vivant.

SØREN KIERKEGAARD

17 Janvier

Sainte Roseline

Mes petites notes :

Câlinez votre animal de compagnie, cela vous réchauffera le cœur.

18 Janvier

Sainte Prisca

Mes petites notes :

Il est temps de vivre la vie que tu t'es imaginée.

HENRY JAMES

19 Janvier

Saint Marius

Mes petites notes :

La vie,
c'est ce qui vous arrive lorsque
vous avez prévu autre chose.

BETTY TALMADGE

20
Janvier

Saint
Sébastien

Mes petites notes :

Faites un vœu,

murmurez-le dans le creux
de votre paume, et ouvrez votre main
vers le ciel, pour que votre souhait
embaume le vent et vous revienne !

21
Janvier

Sainte Agnès

Mes petites notes :

La vie est finie
quand tu ne surprends
plus personne.

MICHEL COLUCCI

22 Janvier

Saint Vincent

Mes petites notes :

Si vous voulez
que la vie vous sourit,
apportez-lui d'abord
votre bonne humeur.

BARUCH SPINOZA

23
Janvier

Saint
Bernard

Mes petites notes :

Pensez à votre couleur préférée,

et notez sur une feuille
tous les objets de cette couleur
que vous allez voir aujourd'hui.

24 Janvier

Saint François

Mes petites notes :

Le plus grand plaisir
de la vie est de réaliser
ce que les autres vous pensent
incapable de réaliser.

WALTER BAGEHOT

25 Janvier

Conversion de St Paul

Mes petites notes :

La vie est comme un livre : ne jamais sauter une ligne ni un chapitre.

BERNARD WERBER

26 Janvier

Sainte Paule

Mes petites notes :

Imaginez la vie de vos rêves

et mettez en place vos nouvelles habitudes pour vous en approcher.

27 Janvier

Sainte Angèle

Mes petites notes :

Voir, entendre, aimer.
La vie est un cadeau dont je défais les ficelles chaque matin, au réveil.

CHRISTIAN BOBIN

28 Janvier

Saint Thomas

Mes petites notes :

Vivre, c'est faire de son rêve un souvenir.

SYLVAIN TESSON

29 Janvier

Saint Gildas

Mes petites notes :

Levez-vous

une heure plus tôt chaque matin.

30 Janvier

Sainte Martine

Mes petites notes :

Vivre, c'est naître
sans cesse.

MARCEL JOUHANDEAU

31
Janvier

Sainte Marcelle

Mes petites notes :

On a deux vies.
La deuxième commence
quand on réalise
qu'on n'en a qu'une.

CONFUCIUS

01
Février

Sainte
Ella

Mes petites notes :

Mettez de l'argent de côté

pour réaliser un projet qui vous tient à cœur.

02 Février

Saint Théophane

Mes petites notes :

ACCEPTE CE QUI EST,
LAISSE ALLER CE QUI ÉTAIT,
AIE CONFIANCE EN CE QUI SERA.

BOUDDHA

03 Février

Saint Blaise

Mes petites notes :

Quand on ne peut revenir en arrière, on ne doit se préoccuper que de la meilleure façon d'aller de l'avant.

PAULO COELHOI

04
Février

Sainte Véronique

Mes petites notes :

Cuisinez de bons petits plats

pour prendre soin de votre cœur.

05
Février

Sainte Agathe

Mes petites notes :

Sourire mobilise 15 muscles,
mais faire la gueule en sollicite 40.
Reposez-vous : souriez !

CHRISTOPHE ANDRÉ

06 Février

Saint Gaston

Mes petites notes :

Les gagnants
trouvent des moyens,
les perdants
des excuses.

FRANKLIN D. ROOSEVELT

07
Février

Sainte
Eugénie

Mes petites notes :

Appréciez les petits détails de la journée. Le bonheur se cache en chaque chose.

08 Février

Sainte Jacqueline

Mes petites notes :

Quand la vie te donne
une centaine de raisons
de pleurer,
MONTRE-LUI QUE TU EN AS
MILLE DE SOURIRES.

JOHNNY DEPP

09
Février

Sainte
Apolline

Mes petites notes :

Quand on ose, on se trompe souvent. Quand on n'ose pas, on se trompe toujours.

ROMAIN ROLLAND

10 Février

Saint Arnaud

Mes petites notes :

Faites du rangement
dans votre bilbiothèque
ou dans votre armoire,
cela vous permettra de faire
du vide dans votre esprit!

11
Février

N.-D de Lourdes

Mes petites notes :

Il n'y a qu'une façon d'échouer, c'est d'abandonner avant d'avoir réussi.

GEORGES CLEMENCEAU

12 Février

Saint Félix

Mes petites notes :

La vie ce n'est pas d'attendre
que les orages passent,
c'est d'apprendre à danser
sous la pluie.

SÉNÈQUE

13
Février

Sainte
Béatrice

Mes petites notes :

Chaque matin,

**regardez-vous dans un miroir
et complimentez ce que vous voyez.**

14 Février

Saint Valentin

Mes petites notes :

Se donner du mal pour les petites choses, c'est parvenir aux grandes, avec le temps.

SAMUEL BECKETT

15 Février

Saint Claude

Mes petites notes :

Au milieu de toute difficulté se trouve cachée une opportunité.

CHARLIE CHAPLIN

16 Février

Sainte Julienne

Mes petites notes :

Répétez tout au long de la journée :

« Je suis une bonne personne. »

17 Février

Saint Alexis

Mes petites notes :

C'est dur d'échouer,
mais c'est pire de n'avoir jamais
essayé de réussir.

THEODORE ROOSEVELT

18
Février

Sainte
Bernadette

Mes petites notes :

Ceux qui abandonnent
ne gagnent jamais, ceux qui
gagnent n'abandonnent jamais.

NAPOLEON HILL

19
Février

Saint
Gabin

Mes petites notes :

Listez la liste des obstacles

que vous avez surmonté
aujourd'hui ou cette semaine.

20
Février

Sainte
Aimée

Mes petites notes :

Il n'existe rien de constant

si ce n'est le changement.

BOUDDHA

21 Février

Saint Pierre

Mes petites notes :

L'obstination est le chemin de la réussite.

CHARLIE CHAPLIN

22 Février

Sainte Isabelle

Mes petites notes :

Trouvez

ce qui fait votre charme, et mettez-le en avant ! Un petit rien fait souvent la différence.

23 Février

Saint Lazare

Mes petites notes :

Le succès dans la vie arrive en étant capable de jouer les mauvaises cartes de la bonne manière.

JOSHUA DOOL

24 Février

Saint Modeste

Mes petites notes :

La vie,
c'est 10 % ce que vous
en faites et 90 % votre
façon de la prendre.

IRVING BERLIN

25 Février

Saint Roméo

Mes petites notes :

Dressez la liste des cinq personnes

qui vous apportent du bonheur au quotidien.

26 Février

Saint Nestor

Mes petites notes :

CE N'EST PAS LE VENT QUI DÉCIDE DE VOTRE DESTINATION, C'EST L'ORIENTATION QUE VOUS DONNEZ À VOTRE VOILE. LE VENT EST PAREIL POUR TOUS.

JIM ROHN

27 Février

Sainte Honorine

Mes petites notes :

Si on veut obtenir quelque chose que l'on n'a jamais eu, il faut tenter quelque chose que l'on n'a jamais fait.

PÉRICLÈS

28
Février

Saint Romain

Mes petites notes :

Accordez de l'attention
aux gens qui vous entourent.
Apporter le sourire aux autres
ne fait jamais de mal.

29
Février

Saint
Auguste

Mes petites notes :

J'ai appris que le courage n'est pas l'absence de peur, mais la capacité de la vaincre.

NELSON MANDELA

01 Mars

Saint Aubin

Mes petites notes :

La seule façon de faire du bon travail est d'aimer ce que vous faites. Si vous n'avez pas encore trouvé, continuez à chercher.

STEVE JOBS

02 Mars

Saint Charles

Mes petites notes :

Prenez cinq minutes
pour regarder le paysage
lors d'une promenade
et soufflez.

03
Mars

Saint
Guénolé

Mes petites notes :

Un homme
ayant du succès
EST CELUI POUVANT SE CONSTRUIRE
UNE FERME FONDATION AVEC LES
BRIQUES QUE LES AUTRES LUI JETTENT.

DAVID BRINKLEY

04
Mars

Saint
Casimir

Mes petites notes :

Votre situation actuelle ne reflète pas votre potentiel ultime.

ANTHONY ROBBINS

05
Mars

Sainte Olive

Mes petites notes :

Remémorez-vous une réussite :
un diplôme, une compétition,
un gâteau...

06
Mars

Sainte
Colette

Mes petites notes :

Emporte dans ta mémoire, pour le reste de ton existence, les choses positives qui ont surgi au milieu des difficultés. Elles seront une preuve de tes capacités et te redonneront confiance devant tous les obstacles.

PAULO COELHO

07
Mars

Sainte Félicité

Mes petites notes :

Le meilleur chemin
est toujours celui qui est
le plus direct.

ROBERT FROST

08
Mars

Saint
Jean

Mes petites notes :

Procurez-vous un journal

qui deviendra votre confident le plus secret.

09
Mars

Sainte Françoise

Mes petites notes :

Le courage est comme un muscle.
On le renforce en le travaillant.

RUTH GORDO

10
Mars

Saint
Vivien

Mes petites notes :

Prenez vos victoires, quelles qu'elles soient, chérissez-les, utilisez-les, mais ne vous reposez pas dessus.

SAMUEL BECKETT

11 Mars

Sainte Rosine

Mes petites notes :

Nous avons toujours
le temps de trouver du temps !

**Alors, trouvez-en pour faire
une activité fun et drôle !**

12
Mars

Sainte
Justine

Mes petites notes :

Le standard
que vous dépassez
est le standard
que vous acceptez.

DAVID HURLEY

13
Mars

Saint
Rodrigue

Mes petites notes :

Avec trop on se perd.
Avec moins on se trouve.

TCHOUANG TSEU

14
Mars

Sainte Mathilde

Mes petites notes :

Transformez

vos idées négatives en pensées positives !

15 Mars

Sainte Louise

Mes petites notes :

Il n'y a pas de honte à préférer le bonheur !

ALBERT CAMUS

16 Mars

Sainte Bénédicte

Mes petites notes :

Chaque pas
doit être un but.

JACQUES CHIRAC

17
Mars

Saint
Patrick

Mes petites notes :

Vous êtes seul(e) ce soir ?

Vous avez du temps pour prendre soin de vous !

18 Mars

Saint Cyrille

Mes petites notes :

L'échec est l'épice
qui donne sa valeur
à la réussite.

TRUMAN CAPOTE

19
Mars

Saint
Joseph

Mes petites notes :

Si vous ne pouvez pas encore faire de grandes choses, faites de petites choses de façon remarquable.

NAPOLEON HILL

20 Mars

Saint Herbert

Mes petites notes :

Nous rencontrons des tas de personnes chaque jour :

dans le métro, dans la rue, au magasin... Montrez-leur votre plus beau sourire !

21 Mars

Sainte Clémence

Mes petites notes :

Ce n'est pas la volonté de réussir qui compte, tout le monde a ça. C'est la volonté de se préparer à réussir qui compte.

PAUL BRYANT

22 Mars

Sainte Léa

Mes petites notes :

N'abandonnez jamais un rêve sur la base du temps qu'il faudra pour le réaliser. Le temps passera de toute façon.

EARL NIGHTINGALE

23 Mars

Saint Victorien

Mes petites notes :

Nous sommes souvent pudiques
quand il s'agit de partager
son affection pour ses proches.
Alors, écrivez-leur une lettre !

24
Mars

Sainte Catherine

Mes petites notes :

L'homme ordinaire ne se préoccupe que de passer le temps, l'homme de talent que de l'employer.

ARTHUR SCHOPENHAUER

25 Mars

Saint Humbert

Mes petites notes :

Ce que nous sommes est le résultat de ce que nous avons pensé.

BOUDDHA

26 Mars

Sainte Larissa

Mes petites notes :

Dressez la liste de vos passions par ordre de préférence, et prenez le temps de les explorer davantage.

27 Mars

Saint Habib

Mes petites notes :

Le but de la vie
EST LE DÉVELOPPEMENT
PERSONNEL.

OSCAR WILDE

28
Mars

Saint
Gontran

Mes petites notes :

Le sens de la vie
est la plus pressante
des questions.

ALBERT CAMUS

29
Mars

Sainte
Gladys

Mes petites notes :

Pratiquer une activité avec vos amis a des bienfaits sur votre bien-être. Et si vous faisiez une partie de football, une balade ou une partie de jeu de société avec eux ?

30 Mars

Saint Amédée

Mes petites notes :

Avoir un but trace la vie.

LAO TSEU

31
Mars

Saint Benjamin

Mes petites notes :

Plutôt que de penser à ce que
tu n'as pas, pense à ce que
tu peux faire avec ce que tu as.

ERNEST HEMINGWAY

01
Avril

Saint
Hugues

Mes petites notes :

Collectionnez

les timbres que vous avez, faites-en un joli petit tableau.

02 Avril

Sainte Sandrine

Mes petites notes :

Le bonheur, c'est de continuer à désirer ce que l'on possède.

AUGUSTIN D'HIPPONE

03

Avril

Saint Richard

Mes petites notes :

Croyez en vous-même,
en l'humanité, au succès de vos
entreprises. Ne craignez rien
ni personne.

BARONNE STAFFE

04
Avril

Saint
Isidore

Mes petites notes :

Inventez
de nouvelles recettes,
et préparez-les pour
votre prochaine soirée.

05
Avril

Sainte
Irène

Mes petites notes :

Il faut se concentrer
sur ce qu'il nous reste
et non sur ce qu'on a perdu.

ALFRED DE MUSSET

06
Avril

Saint Marcellin

Mes petites notes :

La perfection n'est pas atteignable. Mais visez la perfection, car en échouant vous atteindrez l'excellence.

VINCE LOMBARDI

07 Avril

Saint Jean-Baptiste

Mes petites notes :

Écoutez

votre musique préférée
et chantez ou dansez !

08
Avril

Sainte
Julie

Mes petites notes :

Appréciez d'échouer,

et apprenez de l'échec, car on n'apprend rien de ses succès.

JAMES DYSON

09 Avril

Saint Gautier

Mes petites notes :

Il est toujours trop tôt pour abandonner.

NORMAN VINCENT PEALE

10 Avril

Saint Fulbert

Mes petites notes :

Pensez à trois choses positives
qui se sont produites dans votre vie, et à ce qu'elles ont changé dans votre quotidien.

11
Avril

Saint Stanislas

Mes petites notes :

Plus grand est l'obstacle,
plus grande est la gloire
de le surmonter.

JEAN GASTALDI STEVEN

12
Avril

Saint Jules

Mes petites notes :

Ne t'arrête pas
quand tu es fatigué.
Arrête-toi quand t'es fini.

MARILYN MONROE

13
Avril

Sainte Ida

Mes petites notes :

Faites
une salutation au soleil
en vous levant.

14
Avril

Saint
Maxime

Mes petites notes :

C'EST PAR LE TRAVAIL QUE L'HOMME SE TRANSFORME.

LOUIS ARAGON

15 Avril

Saint Paterne

Mes petites notes :

Plus vous aidez les gens à obtenir ce qu'ils désirent et plus vous avez du succès.

HILARY HINTON « ZIG » ZIGLAR

16 Avril

Saint Benoît

Mes petites notes :

Rememorez-vous

les choses que vous avez apprises aujourd'hui avant d'aller dormir.

17 Avril

Sainte Anicet

Mes petites notes :

Si tu vois tout en gris, déplace l'éléphant !

PROVERBE INDIEN

18 Avril

Saint Parfait

Mes petites notes :

Je connais mes limites. C'est pourquoi je vais au-delà.

SERGE GAINSBOURG

19 Avril

Sainte Emma

Mes petites notes :

Imaginez-vous
atteindre des objectifs
qui vous sont chers
et ressentez la joie qui
en découle !

20
Avril

Sainte
Odette

Mes petites notes :

Le monde
a progressé
UNIQUEMENT GRÂCE
AUX CHOSES IMPOSSIBLES
QUI ONT ÉTÉ RÉALISÉES.

ANDRÉ MAUROIS

21
Avril

Saint
Anselme

Mes petites notes :

Rêve ta vie en couleur,
c'est le secret du bonheur.

WALT DISNEY

22
Avril

Saint
Alexandre

Mes petites notes :

Soyez bon avec les autres,
et le monde vous le rendra !

23
Avril

Saint
Georges

Mes petites notes :

On n'obtient pas ce que l'on veut, on obtient ce en quoi en croit.

OPRAH WINFREY

24
Avril

Saint Fidèle

Mes petites notes :

Souvenez-vous que le bonheur dépend non pas de ce que vous êtes ou de ce que vous possédez, mais uniquement de votre façon de penser.

DALE CARNEGIE

25 Avril

Saint Marc

Mes petites notes :

Gardez l'animal

**de votre voisin dans le besoin
ou de quelqu'un de votre entourage :
vous aiderez un proche et vous profiterez
d'instants magiques avec l'animal.**

26
Avril

Sainte
Alida

Mes petites notes :

Les émotions agréables attireront davantage de gens et d'événements agréables.

RHONDA BYRNE

27 Avril

Sainte Zita

Mes petites notes :

Au fur et à mesure que
je modifie mes pensées,
le monde autour de moi
se transforme.

LOUISE L. HAY

28
Avril

Sainte Valérie

Mes petites notes :

Faire une bonne action,

comme porter les courses d'une personne en situation de handicap, joue sur votre bien-être. Alors, n'hésitez pas !

29 Avril

Sainte Catherine

Mes petites notes :

Pensez de manière positive
et la vie devient plus riche.

EDWARD VERNO

30
Avril

Saint
Robert

Mes petites notes :

Beaucoup d'hommes ayant échoué ne savaient pas à quel point ils étaient proches du succès quand ils ont abandonné.

THOMAS EDISON

01 Mai

Saint Jérémie

Mes petites notes :

Imaginez-vous perdu(e) dans un pays étranger.

Dans cette situation, recevoir de l'aide d'un inconnu peut être salvateur. Si vous croisez un touriste ou une personne perdue, indiquez-lui le bon chemin, vous égaierez sa journée.

02 Mai

Saint Boris

Mes petites notes :

Et il se dit aussi
qu'il avait chaud, qu'il était heureux,
et qu'il faisait bon vivre.

PAMELA LYNDON TRAVERS

03 Mai

Saint Philippe

Mes petites notes :

Ce qui rend les amitiés indissolubles : la certitude.

HONORÉ DE BALZAC

04 Mai

Saint Sylvain

Mes petites notes :

Pratiquez la gentillesse

envers les autres en faisant des gestes simples, comme tenir la porte ou offrir un sourire.

05 Mai

Sainte Judith

Mes petites notes :

Plus grand est l'obstacle,
plus grande est la gloire
de le surmonter.

JEAN GASTALDI STEVEN

06
Mai

Sainte
Prudence

Mes petites notes :

Il n'y a guère au monde
un plus bel excès que celui
de la reconnaissance.

JEAN DE LA BRUYÈRE

07
Mai

Sainte Gisèle

Mes petites notes :

S'aérer l'esprit est essentiel

pour parvenir à l'équilibre.
Profitez d'une belle journée pour flâner dans les rues, faire un footing ou du vélo !

08
Mai

Saint Désiré

Mes petites notes :

L'APAISEMENT RÉSIDE EN CHACUN DE NOUS.

DALAÏ-LAMA

09 Mai

Saint Pacôme

Mes petites notes :

Quand vous arrêtez de penser à vous tout le temps, un certain sentiment de repos vous envahit.

LEONARD COHEN

10 Mai

Sainte Solange

Mes petites notes :

Au réveil,

pratiquez une méditation pendant cinq minutes.

11
Mai

Sainte Estelle

Mes petites notes :

La lecture encombre la mémoire et empêche de penser.

H. G. WELLS

12 Mai

Saint Achille

Mes petites notes :

Il n'existe rien de constant si ce n'est le changement.

BOUDDHA

13 Mai

Sainte Rolande

Mes petites notes :

Passez du temps
avec des personnes positives
qui vous soutiennent.

14 Mai

Saint Matthias

Mes petites notes :

La tombée de la nuit
A TOUJOURS ÉTÉ POUR MOI
LE SIGNAL D'UNE FÊTE
INTÉRIEURE.

CHARLES BAUDELAIRE

15
Mai

Sainte
Denise

Mes petites notes :

Accepte ce qui est,
laisse aller ce qui était, aie
confiance en ce qui sera.

BOUDDHA

16
Mai

Saint Honoré

Mes petites notes :

Prenez votre plus beau stylo
et écrivez une lettre d'amour
à vous-même !

17
Mai

Saint
Pascal

Mes petites notes :

La tension est qui vous pensez que vous devriez être.
La relaxation est qui vous êtes.

PROVERBE CHINOIS

18 Mai

Saint Éric

Mes petites notes :

Nul ne peut atteindre l'aube sans passer par le chemin de la nuit.

ALBERT CAMUS

19 Mai

Saint Yves

Mes petites notes :

Faites une séance d'exercices physiques

pour libérer vos endorphines
et stimuler votre énergie.

20
Mai

Saint
Bernardin

Mes petites notes :

On trouve un certain charme à répandre des pleurs : en apaisant notre âme, ils calment nos douleurs.

OVIDE

21 Mai

Saint Constantin

Mes petites notes :

Un rêve est un souhait
que votre cœur fait quand
vous dormez profondément.

WALT DISNEY

22
Mai

Saint
Émile

Mes petites notes :

Prenez une feuille

et un crayon et dessinez ce qui vous passe par la tête. Inutile d'essayer de bien dessiner, suivez simplement votre instinct.

23 Mai

Saint Didier

Mes petites notes :

Méditer,
c'est entrer en soi
sans quitter le monde.

ROBERT SABATIER

24
Mai

Saint Donatien

Mes petites notes :

Si un problème a une solution.
Alors il est inutile de s'en inquiéter.
Mais s'il n'en a pas, s'inquiéter
ne changera rien.

PROVERBE TIBÉTAIN

25
Mai

Sainte
Sophie

Mes petites notes :

Sortez de votre zone de confort.

Vous n'avez jamais pris de cours de danse ? C'est le moment d'essayer !

26 Mai

Saint Bérenger

Mes petites notes :

Quand on ne trouve pas son repos en soi-même, il est inutile de le chercher ailleurs.

FRANÇOIS DE LA ROCHEFOUCAULD

27 Mai

Saint Augustin

Mes petites notes :

Où va la nuit,
le rêve va.

PROVERBE RUSSE

28
Mai

Saint Germain

Mes petites notes :

Terminez cette phrase
en imaginant sept fins possibles

« Si je travaille davantage à la satisfaction de mes besoins… »

29
Mai

Saint
Aymar

Mes petites notes :

La douceur et la délicatesse
sont les compagnons
de la vie.

LAO TSEU

30
Mai

Sainte
Jeanne

Mes petites notes :

Le rêve
est l'aquarium
de la nuit.

VICTOR HUGO

31
Mai

Sainte
Pétronille

Mes petites notes :

Pour apporter un peu de douceur à vos matinées,

récitez, devant votre miroir, votre chanson ou votre poème favori !

01 Juin

Saint Justin

Mes petites notes :

LA PAROLE APAISE LA COLÈRE.

ESCHYLE

02 Juin

Sainte Blandine

Mes petites notes :

Le succès, c'est d'aller d'échec en échec sans perdre son enthousiasme.

WINSTON CHURCHILL

03 Juin

Saint Kévin

Mes petites notes :

Pratiquez
une respiration profonde
pour calmer votre esprit
et pour apaiser votre corps.

04
Juin

Sainte
Clotilde

Mes petites notes :

Il n'est de grand amour
qu'à l'ombre d'un grand rire.

EDMOND ROSTAND

05
Juin

Saint
Igor

Mes petites notes :

La vie est vraiment simple, mais nous insistons à la rendre compliquée.

CONFICIUS

06
Juin

Saint Norbert

Mes petites notes :

Entourez-vous de couleurs vives et de belles images pour stimuler votre bonne humeur !

07 Juin

Saint Gilbert

Mes petites notes :

Les bras des mères
SONT FAITS DE TENDRESSE,
LES ENFANTS Y DORMENT
PROFONDÉMENT.

VICTOR HUGO

08
Juin

Saint Médard

Mes petites notes :

Comme il est beau
de ne rien faire, puis
de se reposer ensuite.

PROVERBE ESPAGNOL

09
Juin

Sainte
Diane

Mes petites notes :

Changez les rideaux
de votre maison ou appartement,
c'est un détail qui apporte
un grand changement !

10
Juin

Saint
Landry

Mes petites notes :

De temps en temps, il faut se reposer de ne rien faire.

JEAN COCTEAU

11 Juin

Saint Barnabé

Mes petites notes :

Le voyage est une espèce de porte par où sort de la réalité.

GUY DE MAUPASSANT

12 Juin

Saint Guy

Mes petites notes :

Autorisez-vous à exprimer vos émotions pour les surmonter.

**En bloquant une partie de vos émotions,
vous bloquez une partie de vos émotions positives.**

13
Juin

Saint Antoine

Mes petites notes :

L'apaisement de la sagesse.
Ça vient avec l'âge. Vieillis vite pendant que t'es encore jeune... t'en profiteras bien plus longtemps !

ROBERT BLONDIN

14 Juin

Saint Élisée

Mes petites notes :

Le tigre aussi a besoin de sommeil.

PROVERBE CHINOIS

15 Juin

Sainte Germaine

Mes petites notes :

Cessez de faire plusieurs choses en même temps.

La suractivité peut être une cause de stress.

16
Juin

Saint Jean-François Régis

Mes petites notes :

Les gens heureux n'ont pas besoin de se presser.

LAO TSEU

17 Juin

Saint Hervé

Mes petites notes :

Le bonheur c'est du malheur qui se repose, alors il ne faut pas le réveiller.

LÉO FERRÉ

18 Juin

Saint Léonce

Mes petites notes :

Prenez le temps de vous féliciter

et de célébrer vos réussites
de la semaine !

19
Juin

Saint
Romuald

Mes petites notes :

Chaque moment de la vie

est un miracle et un mystère.

H. G. WELLS

20 Juin

Saint Silvère

Mes petites notes :

La bonne humeur a quelque chose de généreux : elle donne plutôt qu'elle ne reçoit.

ALAIN

21 Juin

Saint Rodolphe

Mes petites notes :

Lisez un ouvrage
dont la couverture a attiré votre œil.

22 Juin

Saint Alban

Mes petites notes :

Tout ce que vous voulez
est de l'autre côté
de la peur.

GREG BARDEN

23
Juin

Sainte
Audrey

Mes petites notes :

On ne crée pas
notre vie, on la vit.

ÉLEANOR ROOSEVELT

24
Juin

Saint
Jean-Baptiste

Mes petites notes :

Dressez la liste de vos forces

et de vos talents uniques, et développez-les !

25 Juin

Saint Prosper

Mes petites notes :

EFFACE LE GRIS DE TA VIE ET ALLUME LES COULEURS QUE TU POSSÈDES À L'INTÉRIEUR.

PABLO PICASSO

26
Juin

Saint Anthelme

Mes petites notes :

À l'hiver succède toujours le printemps.

NICHIREN DAISHONIN

27 Juin

Saint Fernand

Mes petites notes :

Prenez soin de votre corps
en vous offrant un bain relaxant
ou une séance de massage.

28
Juin

Saint
Irénée

Mes petites notes :

Le sommeil est la meilleure des méditations.

DALAÏ-LAMA

29 Juin

Saint Pierre

Mes petites notes :

Le sommeil est encore plus parfait quand on le partage avec un être aimé.

D. H. LAWRENCE

30 Juin

Saint Martial

Mes petites notes :

Écoutez un podcast
ou une conférence inspirante,
cela vous stimulera.

01
Juillet

Saint
Thierry

Mes petites notes :

Et garde tes rêves.
Tu ne peux jamais savoir
à quel moment tu en auras
besoin.

CARLOS RUIZ ZAFON

02
Juillet

Saint
Martinien

Mes petites notes :

L'amour, c'est le gris de l'aurore, l'amour, c'est l'hymne de la nuit.

VICTOR HUGO

03
Juillet

Saint Thomas

Mes petites notes :

Écrivez une lettre
de remerciement à quelqu'un qui a
eu un impact positif sur votre vie.

04
Juillet

Saint
Florent

Mes petites notes :

La paix n'est pas un objectif lointain, mais un moyen d'atteindre notre objectif.

MARTIN LUTHER KING

05
Juillet

Sainte Zoé

Mes petites notes :

Je vous laisse être dans mes rêves si je peux être dans les vôtres.

BOB DYLAN

06 Juillet

Sainte Mariette

Mes petites notes :

Regardez un film ou une série

qui vous fait rire et qui vous met de bonne humeur.

07
Juillet

Saint Raoul

Mes petites notes :

Dans la nuit il y a toi.
Dans le jour aussi.

ROBERT DESNOS

08
Juillet

Saint Thibaut

Mes petites notes :

Il faut s'endurcir,
sans jamais se départir
de sa tendresse.

CHE GUEVARA

09
Juillet

Sainte Amandine

Mes petites notes :

Prenez une profonde inspiration...

et listez mentalement dix qualités que vous pensez posséder.

10 Juillet

Saint Ulrich

Mes petites notes :

Le rêve
est le gardien
du sommeil.

SIGMUND FREUD

11
Juillet

Saint
Benoît

Mes petites notes :

Le rire et le sommeil sont les meilleurs remèdes du monde.

PYTHAGORE

12 Juillet

Saint Olivier

Mes petites notes :

Dressez la liste

de vos objectifs sur le reste de l'année,
et créez un plan pour les atteindre.

13
Juillet

Saint
Henri

Mes petites notes :

Quand on va au bout de la nuit,

on rencontre une autre aurore.

ANDRÉ GIDE

14 Juillet

Sainte Camille

Mes petites notes :

Le moment présent
a un avantage sur tous les autres :
il nous appartient.

CHARLES CALEB COLTON

15
Juillet

Saint
Donald

Mes petites notes :

Lancez-vous
un défi sportif comme
courir un marathon de 10 km.

16
Juillet

N.-D du
Mont-Carmel

Mes petites notes :

Plus on prend de la hauteur
et plus on voit loin.

PROVERBE CHINOIS

17
Juillet

Sainte Charlotte

Mes petites notes :

La vie est un sommeil,
l'amour en est le rêve,
et vous aurez vécu
si vous avez aimé.

ALFRED DE MUSSET

18 Juillet

Saint Frédéric

Mes petites notes :

Pratiquez la gratitude

en remerciant les personnes qui vous entourent.

19 Juillet

Saint Arsène

Mes petites notes :

LA CLARTÉ C'EST JUSTE
UNE RÉPARTITION D'OMBRES
ET DE LUMIÈRE.

GOETHE

20
Juillet

Sainte
Marina

Mes petites notes :

Nous sommes faits de l'étoffe de nos rêves et notre petite vie est entourée de sommeil.

WILLIAM SHAKESPEARE

21 Juillet

Saint Victor

Mes petites notes :

Cultivez des pensées
de pardon et de lâcher-prise
envers vous-même
et les autres.

22 Juillet

Sainte Marie-Madeleine

Mes petites notes :

Les belles nuits font les beaux jours !

EUGÈNE SCRIBE

23 Juillet

Sainte Brigitte

Mes petites notes :

Ô doux sommeil,
ô nuit heureuse !

LOUISE LABÉ

24
Juillet

Sainte Christine

Mes petites notes :

Choisissez les musiques que vous aimez le plus, et faites-en une playlist « bonheur » à écouter sans modération.

25 Juillet

Saint Jacques

Mes petites notes :

Un rêve
sans étoiles
EST UN RÊVE
OUBLIÉ.

PAUL ÉLUARD

26
Juillet

Sainte
Anne

Mes petites notes :

Les jouissances de l'esprit sont faites pour calmer les orages du cœur.

MADAME DE STAËL

27 Juillet

Sainte Nathalie

Mes petites notes :

Déconnectez-vous
des réseaux sociaux pendant
une journée, cela peut être
bénéfique !

28
Juillet

Saint
Samson

Mes petites notes :

Un sourire coûte
moins cher que l'électricité,
mais donne autant
de lumière.

ABBÉ PIERRE

29
Juillet

Sainte
Marthe

Mes petites notes :

Le bonheur, c'est lorsque vos actes sont en accord avec vos paroles.

GANDHI

30 Juillet

Sainte Juliette

Mes petites notes :

Faites du bénévolat

dans une organisation qui vous tient à cœur.

31 Juillet

Saint Ignace

Mes petites notes :

Les seules pensées zen que vous puissiez trouver en haut d'une montagne sont celles que vous avez apportées avec vous.

ROBERT PIRSIG

01 Août

Saint Alphonse

Mes petites notes :

Paresse :

habitude prise de se reposer

avant la fatigue.

JULES RENARD

02 Août

Saint Julien

Mes petites notes :

Remémorez-vous vos derniers succès

et sortez avec des amis pour les fêter.

03 Août

Sainte Lydie

Mes petites notes :

Pour s'élever
il faut d'abord descendre
en soi.

VOLTAIRE

04
Août

Saint
Jean-Marie

Mes petites notes :

Si on cesse de se prendre la tête et se laisse porter par son influx positif, façon zen, des solutions apparaissent.

HELEN FIELDING

05
Août

Saint Abel

Mes petites notes :

Faites-vous plaisir,

et allez manger dans
un bon restaurant.

06
Août

Saint
Octavien

Mes petites notes :

Ne laisse personne
venir à toi et repartir sans être
plus heureux.

MÈRE TERESA

07
Août

Saint Gaétan

Mes petites notes :

Tous les hommes pensent que le bonheur se trouve au sommet de la montagne alors qu'il réside dans la façon de la gravir.

CONFUCIUS

08
Août

Saint Dominique

Mes petites notes :

Votre équilibre émotionnel
est lié à votre hygiène de vie,
prenez soin de vous.

09
Août

Saint Amour

Mes petites notes :

Ce n'est que quand il fait nuit
que les étoiles brillent.

WINSTON CHURCHILL

10
Août

Saint Laurent

Mes petites notes :

La beauté est dans les yeux de celui qui regarde.

OSCAR WILDE

11 Août

Sainte Claire

Mes petites notes :

Faites une fête chez vous,

**chez des amis, dans la nature,
au bord de la mer ou en montagne !
Amusez-vous !**

12 Août

Sainte Jeanne-Françoise

Mes petites notes :

La musique nous aide
à construire nos vies.

ÉRIC-EMMANUEL SCHMITT

13
Août

Saint
Hippolyte

Mes petites notes :

Le rêve est une seconde vie, je n'ai pu percer sans frémir ces portes d'ivoire ou de corne qui nous séparent du monde invisible.

GÉRARD DE NERVAL

14 Août

Saint Evrard

Mes petites notes :

Méditez pour être plus heureux.
Respirez profondément pour vous apaiser, visualisez mentalement votre corps, concentrez-vous sur votre respiration et revivez un événement positif.

15 Août

Sainte Marie

Mes petites notes :

L'idéal du calme est dans un chat assis.

JULES RENARD

16 Août

Saint Armel

Mes petites notes :

C'est la nuit qu'il est beau de croire à la lumière ?

EDMOND ROSTAND

17 Août

Saint Hyacinthe

Mes petites notes :

Prenez du temps pour vous en pratiquant une activité artistique qui vous passionne.

18 Août

Sainte Hélène

Mes petites notes :

Dans tous les cas, L'ESPÉRANCE MÈNE PLUS LOIN QUE LA CRAINTE.

ERNST JÜNGER

19
Août

Saint Jean Eudes

Mes petites notes :

Il y a un apaisement au fond de toute grande impuissance.

MARGUERITE YOURCENAR

20 Août

Saint Bernard

Mes petites notes :

Pratiquez
la visualisation créative
en imaginant votre vie idéale.

21
Août

Sainte
Christophe

Mes petites notes :

Ce qu'il faut chercher
et trouver, c'est la douceur
sereine d'une inébranlable paix.

ALEXANDRA DAVID-NEEL

22
Août

Saint
Fabrice

Mes petites notes :

La capacité d'imaginer est plus apaisante que la vie elle-même...

TAHAR BEN JELLOUN

23 Août

Sainte Rose

Mes petites notes :

Posez-vous ces trois questions essentielles.

Qu'est-ce qui vous donne une raison de continuer ?
Qu'aimez-vous faire ?
Que savez-vous bien faire ?

24 Août

Saint Barthélemy

Mes petites notes :

Chaque fois que l'on pose un acte de tendresse, on modifie un tout petit peu l'avenir de l'humanité dans le bon sens.

CHRISTOPHE ANDRÉ

25 Août

Saint Louis

Mes petites notes :

L'homme qui déplace une montagne commence par déplacer les petites pierres.

CONFUCIUS

26 Août

Sainte Natacha

Mes petites notes :

Listez cinq traits
de votre personnalité
que vous appréciez.

27
Août

Sainte
Monique

Mes petites notes :

Fais de la vie un rêve,
et d'un rêve, une réalité.

ANTOINE DE SAINT-EXUPÉRY

28
Août

Saint Augustin

Mes petites notes :

Il est grand temps
de rallumer les étoiles.

GUILLAUME APOLLINAIRE

29
Août

Sainte
Sabine

Mes petites notes :

Faites une pause

et prenez quelques minutes
pour effectuer des exercices
de respiration.

30
Août

Saint Fiacre

Mes petites notes :

Seuls ceux qui osent
s'accordent le droit de réussir.

JACQUES AUDIBERTI

31
Août

Saint Aristide

Mes petites notes :

Dans mes nuits sans sommeil, te voir ou t'espérer, adoucissent mes maux.

JACQUES DELILLE

01 Septembre

Saint Gilles

Mes petites notes :

Prenez le temps

de regarder une comédie ou d'écouter un spectacle d'humour, et riez !

02 Septembre

Sainte Ingrid

Mes petites notes :

Vous devez être
le changement que vous voulez voir dans ce monde.

GANDHI

03
Septembre

Saint Grégoire

Mes petites notes :

Là où l'on s'aime,
il ne fait jamais nuit.

PROVERBE AFRICAIN

04
Septembre

Sainte
Rosalie

Mes petites notes :

Apprenez chaque jour

quelque chose de nouveau pour stimuler votre esprit.

05 Septembre

Sainte Raïssa

Mes petites notes :

AU FOND DE CHAQUE CŒUR SOMMEILLE UN RÊVE, ET LE COUTURIER LE SAIT : CHAQUE FEMME EST UNE PRINCESSE.

CHRISTIAN DIOR

06
Septembre

Saint Bertrand

Mes petites notes :

Chaque homme dans sa nuit
s'en va vers sa lumière.

VICTOR HUGO

07
Septembre

Sainte Reine

Mes petites notes :

Organisez votre espace de travail

pour créer un environnement harmonieux.

08
Septembre

Saint Adrien

Mes petites notes :

Prenez du repos : un champ qui s'est reposé donne une récolte abondante.

OVIDE

09 Septembre

Saint Alain

Mes petites notes :

Si longue que soit une nuit d'hiver, le soleil la suit toujours.

PROVERBE TOUAREG

10 Septembre

Sainte Inès

Mes petites notes :

Dressez une liste de vos expériences positives passées, et rappelez-vous ces moments de joie et de réussite.

11 Septembre

Saint Adelphe

Mes petites notes :

Hâte-toi de bien vivre
ET SONGE QUE CHAQUE JOUR
EST À LUI SEUL UNE VIE.

SÉNÈQUE

12
Septembre

Saint Apollinaire

Mes petites notes :

Souvenez-vous que ne pas obtenir ce que vous voulez est parfois un merveilleux coup de chance.

DALAÏ-LAMA

13 Septembre

Saint Aimé

Mes petites notes :

Prenez le temps de regarder
un coucher ou un lever de soleil,
et appréciez la beauté
de la nature.

14
Septembre

Saint
Materne

Mes petites notes :

Ne demeure pas dans
le passé, ne rêve pas du futur,
concentre ton esprit sur
le moment présent.

BOUDDHA

15
Septembre

Saint
Roland

Mes petites notes :

La bonne humeur est un bon compagnon de voyage.

PAUL DE KOCK

16 Septembre

Sainte Édith

Mes petites notes :

Afin de bien commencer la journée,

au réveil, notez trois choses
pour lesquelles vous vous sentez
reconnaissant(e).

17
Septembre

Saint
Renaud

Mes petites notes :

Celui qui préfère le sourire à la colère est toujours le plus fort.

PROVERBE JAPONAIS

18 Septembre

Sainte Nadège

Mes petites notes :

La tendresse a des secondes qui battent plus lentement que les autres.

ROMAIN GARY

19 Septembre

Sainte Émilie

Mes petites notes :

Essayez le théâtre,

peut-être que vous découvrirez une passion pour la scène.

20 Septembre

Saint Jean-Charles

Mes petites notes :

Chacune de nos lectures laisse une graine qui germe.

JULES RENARD

21 Septembre

Saint Matthieu

Mes petites notes :

La tendresse du cœur,
c'est ce que la nature a donné
aux hommes en leur accordant
les larmes.

SUÉTONE

22
Septembre

Saint
Maurice

Mes petites notes :

Faites un atelier

de poterie ou de céramique. Le travail de la matière et la convivialité des instants entre amis vous donneront du baume au cœur.

23 Septembre

Saint Constant

Mes petites notes :

Le rêve est la forme
sous laquelle toute créature
vivante possède le droit au génie,
à ses imaginations bizarres,
à ses magnifiques extravagances.

JEAN COCTEAU

24 Septembre

Saint Anatole

Mes petites notes :

Sois heureux un instant,
cet instant c'est ta vie.

OMAR KHAYYAM

25 Septembre

Saint Hermann

Mes petites notes :

Prenez un crayon de la couleur de votre choix,

et listez sur une feuille tous les mots qui vous viennent à l'esprit. Essayez d'en faire ensuite un joli poème à réciter chaque matin devant votre miroir !

26 Septembre

Saint Côme

Mes petites notes :

Chaque coup de colère
est un coup de vieux ;
chaque sourire
est un coup de jeune.

PROVERBE CHINOIS

27
Septembre

Saint Vincent

Mes petites notes :

Quel est le plus important, réussir ou trouver un sens à votre effort de réussir ?

SHUNRYU SUZUKI

28 Septembre

Saint Venceslas

Mes petites notes :

Établissez des limites saines dans vos relations

pour préserver votre bien-être émotionnel.

29 Septembre

Saint Michel

Mes petites notes :

Celui qui se connaît lui-même est sage.

LAO TSEU

30 Septembre

Saint Jérôme

Mes petites notes :

Un corps libre de tensions et de fatigue permet d'affronter toutes les complexités de la vie.

JOSEPH PILATES

01 Octobre

Sainte Thérèse

Mes petites notes :

Prenez soin de votre alimentation

en sélectionnant de la nourriture saine et nourrissante.

02 Octobre

Saint Léger

Mes petites notes :

Vivre, c'est se réveiller la nuit dans l'impatience du jour à venir.

PAUL-ÉMILE VICTOR

03 Octobre

Saint Gérard

Mes petites notes :

Le véritable bien se trouve dans le repos de la conscience.

SÉNÈQUE

04 Octobre

Saint François

Mes petites notes :

Osez dire
« Je t'aime »
à vos proches.

05
Octobre

Sainte
Fleur

Mes petites notes :

Rêver, planifier,
AVOIR FOI EN DEMAIN,
MAIS SURTOUT, VIVRE
AUJOURD'HUI !

AUGUSTO BRANCO

06
Octobre

Saint
Bruno

Mes petites notes :

Lorsque tu sous-
estimes ce que tu fais,
le monde sous-estimera
qui tu es.

OPRAH WINFREY

07 Octobre

Saint Serge

Mes petites notes :

Regardez des vidéos inspirantes ou écoutez des discours motivants.

08
Octobre

Sainte Pélagie

Mes petites notes :

Allez avec confiance dans la direction de vos rêves. Vivez la vie que vous avez imaginée.

HENRY DAVID THOREAU

09
Octobre

Saint Denis

Mes petites notes :

C'est toujours impossible jusqu'à ce que ça soit fait.

NELSON MANDELA

10 Octobre

Saint Ghislain

Mes petites notes :

Cultivez des pensées positives

en répétant des mantras ou des phrases encourageantes à votre égard.

11 Octobre

Saint Firmin

Mes petites notes :

Rappelez-vous : la vie est courte,
brisez les règles.

JAMES DEAN

12
Octobre

Saint Wilfried

Mes petites notes :

Dans la vie, on ne fait pas ce que l'on veut, mais on est responsable de ce que l'on est.

JEAN-PAUL SARTRE

13 Octobre

Saint Géraud

Mes petites notes :

Allumez des bougies parfumées,

ou utilisez des huiles essentielles pour créer une ambiance apaisante.

14 Octobre

Saint Juste

Mes petites notes :

C'est au moment
où l'on se perd réellement
que l'on commence
à se retrouver.

HENRY DAVID THOREAU

15 Octobre

Sainte Thérèse

Mes petites notes :

La sagesse suprême, c'est d'avoir des rêves assez grands pour ne pas les perdre de vue pendant qu'on les poursuit.

FRANCIS SCOTT FITZGERALD

16 Octobre

Sainte Edwige

Mes petites notes :

C'est parfois difficile,

mais apprenez à dire « non » aux choses qui ne vous apportent ni joie ni bonheur.

17 Octobre

Saint Baudouin

Mes petites notes :

Quel est le sceau de la liberté acquise ?

Ne plus avoir honte de soi-même.

NIETZSCHE

18 Octobre

Saint Luc

Mes petites notes :

Crois en toi. Deviens le genre de personne avec qui tu seras heureux de vivre toute ta vie.

GOLDA MEIR

19
Octobre

Saint René

Mes petites notes :

Cultivez une attitude

de gratitude en remerciant les personnes qui vous entourent.

20 Octobre

Sainte Adeline

Mes petites notes :

Je suis le maître de mon destin.
Je suis le capitaine de mon âme.

WILLIAM ERNEST HENLEY

21 Octobre

Sainte Céline

Mes petites notes :

La vie, c'est comme
une bicyclette, il faut avancer
pour ne pas perdre l'équilibre.

ALBERT EINSTEIN

22
Octobre

Sainte Élodie

Mes petites notes :

Réalisez des actes de bonté

pour les autres. La générosité est un pas vers le bonheur.

23 Octobre

Saint Jean

Mes petites notes :

LA CONFIANCE EN SOI EST LA BASE DU COURAGE, DE L'INITIATIVE, DE L'ENTHOUSIASME.

ORISON SWETT MARDEN

24 Octobre

Saint Florentin

Mes petites notes :

La plus grande gloire n'est pas de ne jamais tomber mais de se relever à chaque chute.

CONFUCIUS

25
Octobre

Saint Crépin

Mes petites notes :

Appréciez les moments
de calme et de solitude
pour vous ressourcer.

26
Octobre

Saint
Dimitri

Mes petites notes :

Tu ne sais jamais à quel point tu es fort jusqu'au jour ou être fort reste la seule option.

BOB MARLEY

27 Octobre

Sainte Émeline

Mes petites notes :

Il est impossible de vivre sans jamais échouer, sauf si tu fais tellement attention que tu ne vis pas du tout. Dans ce cas, tu échoues par défaut.

J. K. ROWLING

28 Octobre

Saint Simon

Mes petites notes :

Soyez un observateur,
laissez vos pensées venir
et partir sans les juger,
comme des nuages passant
dans le ciel.

29 Octobre

Sainte Narcisse

Mes petites notes :

Ce n'est pas grave

SI VOUS AVANCEZ LENTEMENT,
AUSSI LONGTEMPS QUE VOUS NE
VOUS ARRÊTEZ PAS.

CONFUCIUS

30
Octobre

Saint
Bienvenue

Mes petites notes :

L'échec est l'épice qui donne sa saveur au succès.

ANDRÉ MAUROIS

31 Octobre

Saint Quentin

Mes petites notes :

Asseyez-vous confortablement, fermez les yeux et concentrez-vous uniquement sur votre respiration.

01 Novembre

Sainte Cassandre

Mes petites notes :

Soyez toujours vous-même, exprimez-vous et ayez foi en vous-même. N'essayez pas de trouver une personnalité à succès et de la dupliquer.

BRUCE LEE

02
Novembre

Saint Victorin

Mes petites notes :

Il n'y a pas de cause à la peur.
Elle n'est qu'imagination.

DJALÂL AD-DÎN RÛMÎ

03
Novembre

Saint
Hubert

Mes petites notes :

Allez chez le fleuriste

ou cueillez des fleurs sauvages
pour apporter une touche parfumée
à votre maison.

04
Novembre

Saint Charles

Mes petites notes :

Les difficultés ne sont pas faites pour abattre mais pour être abattues.

CHARLES DE MONTALEMBERT

05 Novembre

Sainte Sylvie

Mes petites notes :

Le succès,

c'est tomber sept fois,

se relever huit.

PROVERBE JAPONAIS

06

Novembre

Saint Léonard

Mes petites notes :

Marchez lentement
et consciemment
en focalisant votre attention
sur chaque pas.

07
Novembre

Sainte Carine

Mes petites notes :

Peu importe
si le début paraît petit.

HENRI DAVID THOREAU

08
Novembre

Saint
Geoffroy

Mes petites notes :

Nous sommes nos choix.

JEAN-PAUL SARTRE

09
Novembre

Saint Théodore

Mes petites notes :

Prenez quelques minutes

pour prêter attention
à votre respiration, en inspirant
et en expirant lentement.

10 Novembre

Saint Léon

Mes petites notes :

Une grande confiance en soi est la première condition des grandes entreprises.

SAMUEL JOHNSON

11 Novembre

Saint Martin

Mes petites notes :

Vous n'êtes jamais trop vieux pour rendre vos rêves réalité.

C. S. LEWIS

12 Novembre

Saint Christian

Mes petites notes :

Mangez un aliment lentement

en remarquant sa texture,
son goût et son odeur.

13
Novembre

Saint Brice

Mes petites notes :

À quoi sert la vie
si les enfants n'en font pas plus que leurs pères ?

GUSTAVE COURBET

14
Novembre

Saint Sidoine

Mes petites notes :

Les portes de l'avenir
sont ouvertes à ceux qui savent
les pousser.

COLUCHE

15
Novembre

Saint
Albert

Mes petites notes :

Contemplez une flamme

de bougie et laissez-vous absorber par sa danse.

16 Novembre

Sainte Marguerite

Mes petites notes :

La plus grande erreur que vous puissiez faire, dans la vie, c'est d'avoir peur de faire des erreurs.

JOHN FITZGERALD KENNEDY

17 Novembre

Sainte Élisabeth

Mes petites notes :

Pour pouvoir contempler un arc-en-ciel, il faut d'abord endurer la pluie.

PROVERBE CHINOIS

18 Novembre

Sainte Aude

Mes petites notes :

Prenez soin de votre sommeil
en vous accordant une bonne nuit
de repos.

19
Novembre

Saint
Tanguy

Mes petites notes :

L'avenir appartient à ceux qui rêvent trop.

GRAND CORPS MALADE

20 Novembre

Saint Edmond

Mes petites notes :

Les folies sont les seules choses qu'on ne regrette jamais.

OSCAR WILDE

21 Novembre

Saint Rufus

Mes petites notes :

Le temps se rafraîchit. N'est-ce pas le meilleur moment pour déguster une délicieuse tasse de chocolat chaud ?

22 Novembre

Sainte Cécile

Mes petites notes :

____

____

Pour gagner,
IL FAUT RISQUER
DE PERDRE.

JEAN-CLAUDE KILLY

23
Novembre

Saint
Clément

Mes petites notes :

Ceux qui ne font rien ne se trompent jamais.

THÉODORE DE BANVILLE

24 Novembre

Sainte Flora

Mes petites notes :

Écoutez le bruit de l'eau,
que ce soit une fontaine ou une rivière,
et ressentez sa fluidité.

25
Novembre

Sainte Catherine

Mes petites notes :

Un pessimiste voit la difficulté dans chaque opportunité. Un optimiste voit une opportunité dans chaque difficulté.

WINSTON CHURCHILL

26
Novembre

Sainte Delphine

Mes petites notes :

Le pessimisme est affaire d'humeur, l'optimisme est affaire de volonté.

ALAIN

27 Novembre

Saint Séverin

Mes petites notes :

Fermez les yeux

et laissez-vous envoûter par
le bruit du vent dans les branches.

28
Novembre

Saint Jacques

Mes petites notes :

On peut tout ce qui ne dépend que de notre volonté.

MARCEL PROUST

29 Novembre

Saint Saturnin

Mes petites notes :

Les grands bonheurs viennent du ciel, les petits bonheurs viennent de l'effort.

PROVERBE CHINOIS

30 Novembre

Saint André

Mes petites notes :

Pratiquez l'autosuggestion positive.

Se répéter que tout va bien permettrait effectivement de se sentir mieux.

01 Décembre

Sainte Florence

Mes petites notes :

*Nous savons ce que nous sommes,
mais nous ignorons ce que
nous pourrions être.*

WILLIAM SHAKESPEARE

02
Décembre

Saint Viviane

Mes petites notes :

Ne laisse jamais personne te dire ce dont tu n'es pas capable.

LAURENT GOUNELLE

03

Décembre

Saint Xavier

Mes petites notes :

Rechargez vos énergies

en passant du temps dans la nature,
en faisant une randonnée
ou en visitant un parc.

04 Décembre

Sainte Barbara

Mes petites notes :

Ce n'est pas

ce que nous sommes qui nous empêche de réaliser nos rêves ; c'est ce que nous croyons que nous ne sommes pas.

PAUL-ÉMILE VICTOR

05 Décembre

Saint Gérald

Mes petites notes :

On a dû te dire qu'il fallait réussir dans la vie. Moi, je te dis qu'il faut vivre, c'est la plus grande réussite au monde.

JEAN GIONO

06
Décembre

Saint Nicolas

Mes petites notes :

Remerciez votre corps

pour tout ce qu'il vous permet d'accomplir.

07 Décembre

Saint Ambroise

Mes petites notes :

S'aimer soi-même
est le début d'une longue vie heureuse.

OSCAR WILDE

08
Décembre

Saint Hildeman

Mes petites notes :

Un voyage de mille lieues commence toujours par un premier pas.

LAO TSEU

09 Décembre

Saint Pierre

Mes petites notes :

Imaginez-vous

**dans un endroit paisible
et serein.**

10
Décembre

Saint Romaric

Mes petites notes :

Il vaut mieux exceller dans une seule discipline plutôt que d'être médiocre dans plusieurs.

PROVERBE LATIN

11
Décembre

Saint Daniel

Mes petites notes :

Qui veut faire quelque chose trouve un moyen. Qui ne veut rien faire trouve une excuse.

PROVERBE ARABE

12
Décembre

Saint Corentin

Mes petites notes :

Il n'est pas trop tard
pour revenir un peu en arrière, prenez le temps de retracer toutes vos réalisations.

13 Décembre

Sainte Lucie

Mes petites notes :

*Il est temps de de vivre
la vie que tu t'es imaginée.*

HENRY JONES

14 Décembre

Sainte Odile

Mes petites notes :

La vie est trop courte pour être petite.

BENJAMIN DISRAELI

15 Décembre

Sainte Ninon

Mes petites notes :

Faites quelque chose que vous n'avez jamais osé faire. Prenez le risque de la nouveauté !

16
Décembre

Sainte Alice

Mes petites notes :

Ne pas reconnaître
SON TALENT C'EST
FAVORISER LA RÉUSSITE
DES MÉDIOCRES.

MICHEL AUDIARD

17
Décembre

Saint Gaël

Mes petites notes :

Il vous faut commencer par un simple pas.

SHITAO

18 Décembre

Saint Gatien

Mes petites notes :

Invitez les gens que vous aimez
pour une soirée déguisée
et amusez-vous !

19
Décembre

Saint
Urbain

Mes petites notes :

Le plus grand plaisir de la vie est de réaliser ce que les autres vous penses incapable de réaliser.

WALTER BAGEHOT

20 Décembre

Saint Théophile

Mes petites notes :

Celui qui n'a pas d'objectifs ne risque pas de les atteindre.

SUN TZU

21 Décembre

Saint Pierre

Mes petites notes :

Accordez-vous un moment cocooning

en vous blotissant sous un plaid et en visionnant un film ou une série.

22 Décembre

Sainte Françoise

Mes petites notes :

Ose ta vie, toi seul la vivra.

JACQUES SALOMÉ

23 Décembre

Saint Armand

Mes petites notes :

La meilleure manière
de se lancer, c'est d'arrêter
de parler et commencer à agir.

WALT DISNEY

24
Décembre

Sainte Adèle

Mes petites notes :

Visualisez votre vie
remplie d'abondance
dans tous les domaines.

25
Décembre

Saint
Emmanuel

Mes petites notes :

Je ne crois pas aux bonnes décisions. Je prends une décision et je la rends bonne.

MOHAMED ALI

26 Décembre

Saint Étienne

Mes petites notes :

On peut toujours plus que ce que l'on croit pouvoir.

JOSEPH KESSEL

27 Décembre

Saint Jean

Mes petites notes :

Dans un moment d'attente ou stressant,

regardez autour de vous et focalisez votre attention sur trois jolies choses qui retiennent votre attention. Cela détournera vos tensions.

28 Décembre

Saints Innocents

Mes petites notes :

La plus grande victoire,

c'est la victoire sur soi.

PLATON

29
Décembre

Saint
David

Mes petites notes :

Il faut être comme personne
si l'on veut être quelqu'un.

SACHA SPERLING

30
Décembre

Saint
Roger

Mes petites notes :

L'année touche à sa fin.

Quels sont les événements les plus marquants ? Il est temps d'écrire une lettre à votre vous de cette année.

31 Décembre

Saint Sylvestre

Mes petites notes :

7/9, rue Saint-Germain l'Auxerrois - 75001 Paris
Directeur de publication : Didier Ballot
Directrice éditoriale : Marie Roussos
Responsable éditoriale : Séverine Pedan
Création graphique et mise en pages : Charlotte Payant (Studio Fovea)
Illustrations : © ShutterStock
Suivi de fabrication : M Paper

ISBN : 978-2-38355-646-6
Dépôt légal : août 2024
Achevé d'imprimer en juillet 2024 en Chine par M Paper